Pettersson und Findus

Mein erstes Vorschulwissen

EDEL
KIDS BOOKS

Der kleine Kater Findus möchte immer alles ganz genau wissen:
Warum muss er eigentlich so früh ins Bett und soll aber nicht in aller
Herrgottsfrühe aufstehen? Und wieso ist Petterssons Nase so groß und
sind die Mucklas so klein? Warum blühen die Blumen im Frühling
und wieso fällt der Schnee im Winter? Weshalb kann Findus nicht
jeden Tag Pfannkuchentorte essen, wie findet man eigentlich heraus,
wie viel von welchen Zutaten in den Teig muss – und überhaupt:
Wie viele Tage im Jahr gibt es eigentlich?
Findus fragt den alten Pettersson gerne ganz tiefe Löcher
in den Bauch. Und wenn du genauso neugierig bist wie
der kleine Kater, findest du in diesem Buch
ganz viele Antworten auf deine Fragen ...

Sich zu konzentrieren, ganz genau hinzusehen, eine Weile nachzudenken – diese Sachen sind ganz wichtig für die Vorschule und die Grundschule. Mit diesem Buch kannst du gemeinsam mit einem Erwachsenen oder einem älteren Geschwisterteil genau diese Dinge üben. Auf jeder Seite erfahrt ihr in einem kleinen Kasten, was du zusammen mit deinem Lieblingskater Findus wieder Neues gelernt hast. Los geht's!

Inhalt

So viele Zeichen!

Bei Findus und Pettersson auf dem Land stehen nicht ganz so viele Straßenschilder, denn zum Glück gibt es außer kreuzenden Hühnern wenig Verkehr. Aber auch in dem kleinen Dorf in Schweden findest du Dinge, auf denen Zeichen und Symbole stehen – denn sie erleichtern uns den Alltag. Und die meisten Zeichen verstehen wir ohne Worte. Weißt du, was sie bedeuten?

LERNZIELE
→ Zeichen erkennen
→ Reihenfolgen und Muster bestimmen

STOP

In welche Richtung gehst du?

Bei Rot bleibst du stehen.

Hier gibt es Toiletten.

Achtung, rutschig!

Bist du auch so gut gelaunt?

6

Auch auf Wetterkarten oder auf Schildern in deiner Kleidung findest du **Zeichen**. Auf der Waschmaschine, dem Herd oder der Spülmaschine zeigen Zeichen an, wie man die elektrischen Geräte bedient.

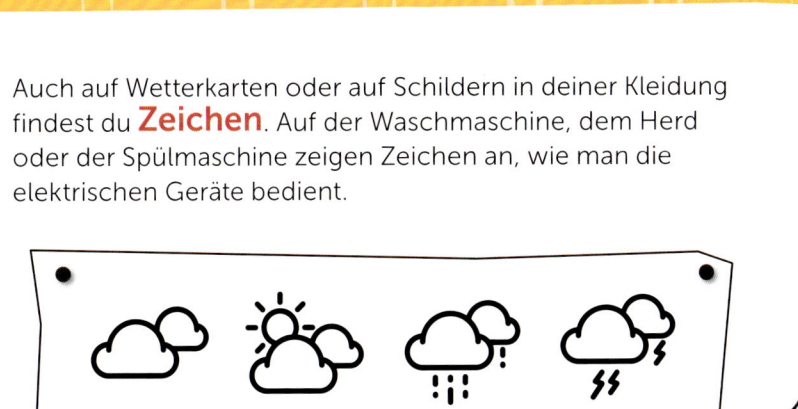
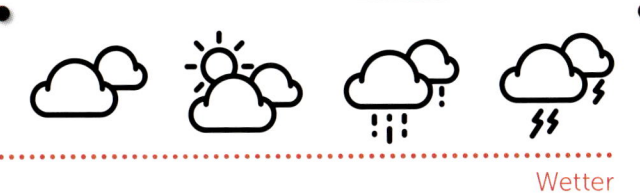

  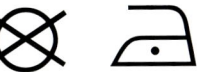

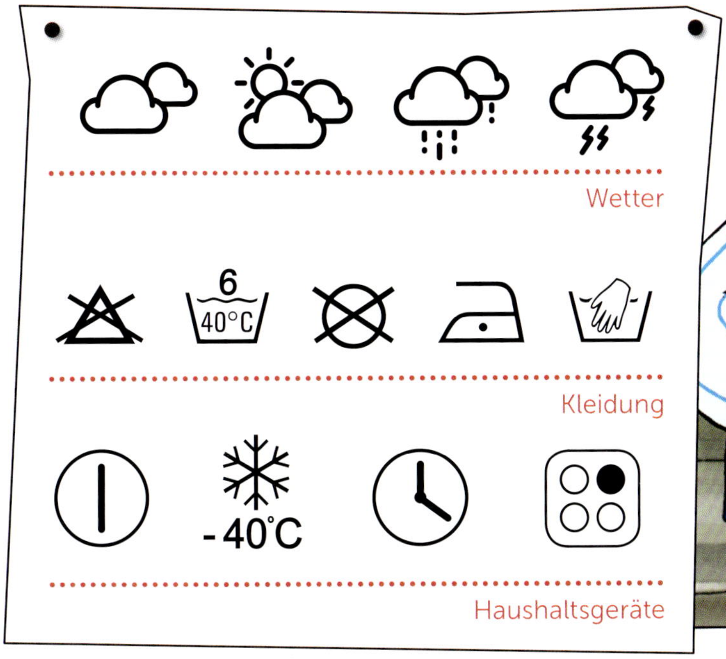

Wetter

Kleidung

Haushaltsgeräte

Wenn Formen, Farben oder auch einfach nur Dinge sich immer in einer bestimmten Reihenfolge wiederholen, dann entsteht ein **Muster**. Das sieht meistens schön aus! Und wir können uns Muster gut merken. Fürs Rechnen ist das besonders wichtig.

Das ist weniger, das ist mehr

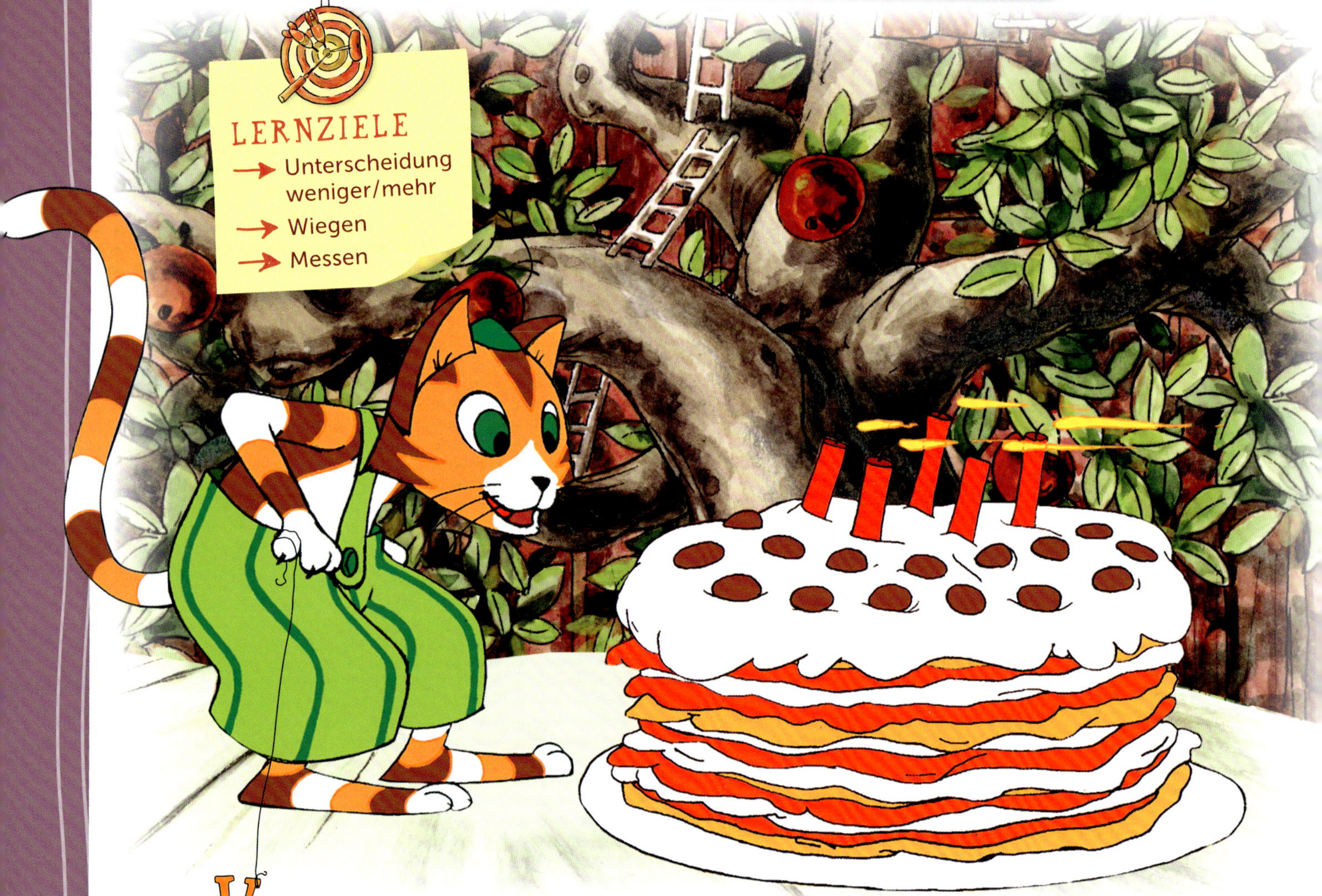

Von einer Pfannkuchentorte geben kleine Kater nicht so gerne etwas ab – von grünem Spinat oder Erbsen hingegen schon! Und sieben Erbsen sind mehr als drei Erbsen. Also bekommt Pettersson den Teller mit sieben Erbsen. Aber am besten ist es, wenn du Sachen gleich aufteilst – denn zu zweit oder mit Freunden macht es viel mehr Spaß, zu spielen und zu essen.

O Petterssons Hühner legen fast jeden Tag ein Ei. Doch heute hatte ein Huhn keine Lust zum Legen. Es gibt also **mehr** Hühner als Eier. Und **weniger** Eier als Hühner. Zähle einmal nach.

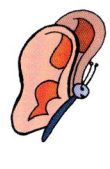
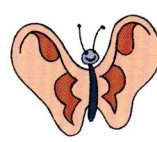

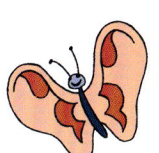

 So viele hübsche Schmetterlinge! Siehst du mehr blaue oder mehr rosafarbene **Schmetterlinge**?

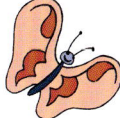

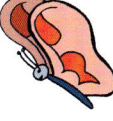

 Fülle in mehrere gleich große Flaschen unterschiedlich viel Wasser. Wenn du mit dem Löffel gegen die Flaschen schlägst, hörst du unterschiedliche Töne: Je **weniger** Wasser in einer Flasche ist, desto höher klingt der Ton. Die Flasche mit dem **meisten** Wasser erzeugt den tiefsten Ton.

 Mit einer **Waage** kannst du prüfen, auf welcher Seite mehr Erbsen sind. Die schwerere Seite drückt die Waagschale nach unten. Auf der Seite, die oben ist, sind also weniger Erbsen.

 Für eine Pfannkuchentorte brauchen wir mehr Mehl als Zucker. Also **messen** wir mit der Küchenwaage die Zutaten ab. Weißt du, was noch gemessen wird?

Luftdruck

Zeit

Größe und Entfernung

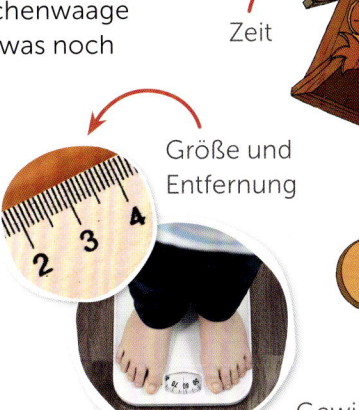

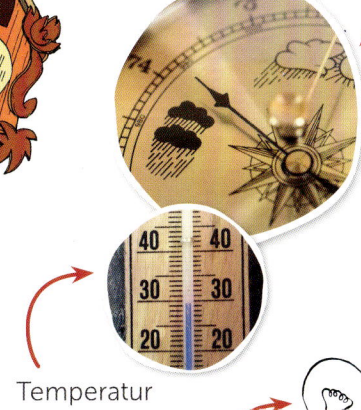

Kraft und Geschwindigkeit

Gewicht

Temperatur

Elektrizität

Rechteckig, rund oder quadratisch?

Petterssons gemütliches Haus ist rot, hat ein spitzes Dach und rechteckige Fenster mit weißen Rahmen. Überall begegnen uns im Alltag verschiedene Formen. Erkennst du die Formen an Petterssons Haus? Was für eine Form haben Findus' Ohren? Und Petterssons Brillengläser?

LERNZIELE

→ Formen erkennen und vergleichen

→ Räumliche Vorstellung und Kreativität trainieren

→ Umrisse und Schatten zuordnen

Ein **Kreis** ist rund. Er hat keine Ecken.

Ein **Dreieck** hat, wie der Name es sagt, drei Ecken und drei Seiten.

Ein **Viereck** hat vier Ecken.

Ein Viereck mit vier gleich langen Seiten ist ein **Quadrat**.

Ein **Sechseck** hat sechs Ecken und sechs Seiten.

Kannst du diese Formen auf dem Bild wiederentdecken?

Mit ein bisschen Fantasie kannst du aus verschiedenen **Formen** schnell etwas ganz Besonderes zaubern:
Schneide einfach aus dicker bunter Pappe ein paar Kreise, Dreiecke und Rechtecke aus und lege die Teile aneinander.
Bekommst du einen kleinen Findus hin?

Die meisten Dinge sind nicht durchsichtig. Wenn Licht darauf scheint, kommt es nicht durch – und es entsteht ein **Schatten**. Ein Schatten hat manchmal ganz genau die gleiche Form wie der Gegenstand, zu dem der Schatten gehört.

Welcher Schatten gehört zu welchem Fisch?

Die Welt ist bunt

Grüne Wiesen und Wälder, satte gelbe Felder und strahlend blauer Himmel, rote Häuschen und weiße Hühner – die Welt von Kater Findus ist kunterbunt. Ein Regenbogen hat sechs Farben. Gelbes Sonnenlicht macht uns gute Laune. Schwarz ist irgendwie traurig. Und bei einer roten Ampel bleiben wir stehen. Farben geben uns Zeichen und sie können Gefühle ausdrücken.

LERNZIELE

→ Grundfarben, kalte und warme Farben
→ Farben benennen
→ Farben mischen

Wir sehen **Farbe** mit unseren Augen. Und wir brauchen dafür Licht. Wenn du die Augen geschlossen hast, ist alles schwarz.

Rot, Blau und Gelb sind die drei **Grundfarben**. Aus ihnen entstehen alle anderen Farben. Welche Farbe bekommst du, wenn du zwei Farben aus dem Farbkreis mischst?

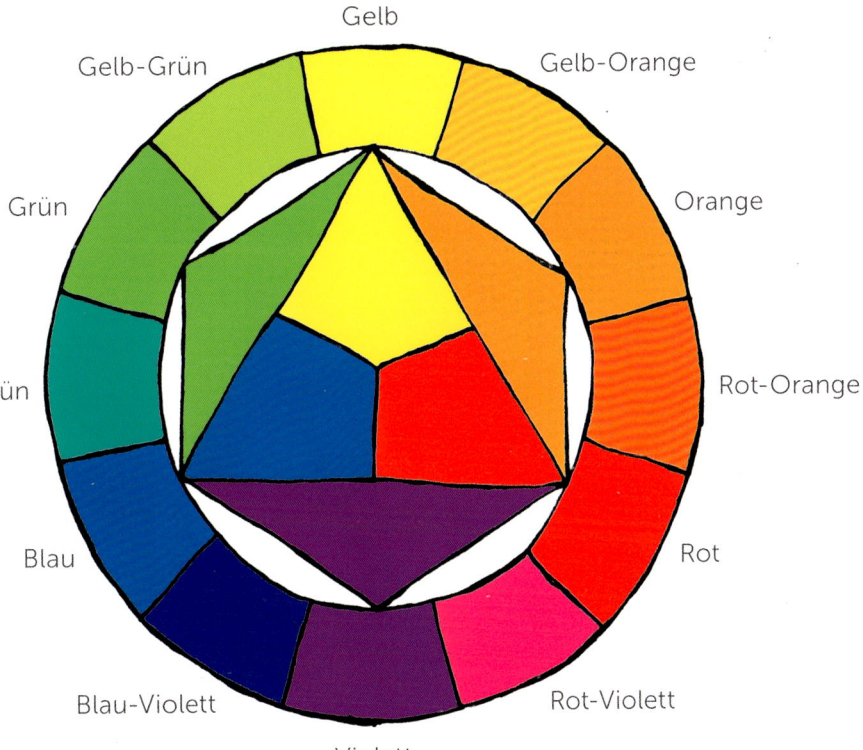

Gelb

Gelb-Grün

Gelb-Orange

Grün

Orange

Blau-Grün

Rot-Orange

Blau

Rot

Blau-Violett

Rot-Violett

Violett

Farben, die Rot enthalten, sind **warme Farben**. Findest du nicht, dass sie irgendwie gemütlich und heiter aussehen? Farbtöne mit viel Blau nennen wir **kalte Farben**. Sie erinnern uns an Eis, Wasser und Kühle. Male das gleiche Bild einmal mit Orange, Gelb und Rot und einmal mit Grau, Blau und Grün. Gibt es einen Unterschied?

Gegensätze ziehen sich an. Im Farbkreis liegen sich die Farben gegenüber, die sehr unterschiedlich sind. Nimmst du zwei dieser Farben zusammen, strahlen sie besonders. Probiere es selbst aus: Lege einen gelben Gegenstand (z. B. eine Banane oder Zitrone) auf ein gelbes Blatt und auf ein lilafarbenes. Siehst du den Unterschied?

Eins, zwei, drei, Mucklas, tanzt herbei ...

LERNZIELE

→ Zahlen von 1 bis 10 kennenlernen
→ Zählen
→ Zahlen schreiben
→ Würfelbilder erkennen

Prillan, Mathilda, Fia, Doris, Majros, Soffi-Moffi, Stina-Fina, Henrietta, Henni – und manchmal ist Tante Agathe zu Besuch: Auf Petterssons Hof leben zehn Hühner. Und weil sie sich so ähnlich sehen, ist es gar nicht einfach, sie zu zählen. Von den Mucklas ganz zu schweigen – wie viele von ihnen versteckt im Haus wohnen, weiß selbst Findus nicht genau. Zum Glück gibt es viele andere Sachen, die sich wunderbar zählen lassen ...

Zahlen begegnen uns immer und überall – auf Hausnummern und Autoschildern, auf Münzen und Geldscheinen, auf dem Telefon und Computer, auf Uhren und Kalendern, beim Einkaufen, beim Messen und Wiegen. Bestimmt fällt dir noch mehr ein. Wenn wir keine Zahlen lesen und nicht mit ihnen rechnen könnten, wäre unser Leben ganz schön schwierig und viele Dinge würde es gar nicht geben.

Fahre **mit dem Finger** die Zahlen nach.

1 2 3 4 5
6 7 8 9 10

Welche Zahl ist deine Lieblings-zahl?

Für viele Spiele brauchst du einen **Würfel**. Du würfelst und der Würfel zeigt dir Punkte von eins bis sechs. Dann weißt du, wie viele Felder du vorrücken darfst, was du bei einer Punktzahl machen musst, ob du aussetzen musst und vieles, vieles mehr.

Klein und groß, dick und dünn

Pettersson ist alt, Findus ist jung. Der alte Mann ist groß, Findus ist klein. Gustavsons Hund ist manchmal böse, Findus immer lieb... Na, zumindest meistens. Die Welt ist voller Gegensätze. Welche Gegenteile kennst du schon?

LERNZIELE

→ Gegensätze erkennen

→ Unterschiede wahrnehmen

→ Links und rechts

vorne   hinten

böse   lieb

dick   dünn

groß, alt   klein, jung   heiß   kalt   hart   weich

16

laut   leise

hell   dunkel

langsam   schnell

nass   trocken

Kennst du schon **links** und **rechts**? Auf der Straße ist das wichtig: Dort musst du vor dem Überqueren nach links, nach rechts und dann noch mal nach links schauen und überprüfen, dass kein Auto kommt. Du hast eine linke Hand und eine rechte, einen linken Fuß und einen rechten. Findest du noch mehr Sachen, die links oder rechts sind?

links ⬅   ➡ rechts

So merkst du dir rechts und links ganz schnell:
- Stelle dich gerade hin und lege den linken Ellbogen an das rechte Knie. Danach den rechten Ellbogen an das linke Knie.
- Trage deine Uhr, ein Armband oder einen Ring immer an der linken oder rechten Hand.
- Schneide aus einer Zeitschrift alle linken Schuhe aus und klebe sie auf ein Blatt.
- Seife beim Duschen erst die linke Hand, den linken Arm, das linke Bein, den linken Fuß ein. Dann kommt alles auf der rechten Seite dran.
- »Ich sehe was, was du nicht siehst« – mal anders: Was siehst du auf der linken Seite von dir? Was auf der rechten?

A, B, C, der Findus lief im Schnee

Oft reichen Zeichen nicht aus, um etwas mitzuteilen. Deshalb benutzen wir die Schrift. Damit können wir das, was wir laut sagen, auch »leise« sichtbar machen. Die Schrift besteht aus Buchstaben. Alle 26 Buchstaben zusammen sind das Alphabet. Wenn du sie aneinanderreihst, entstehen Wörter. Diese Wörter lernst du in der Schule zu lesen und zu schreiben.

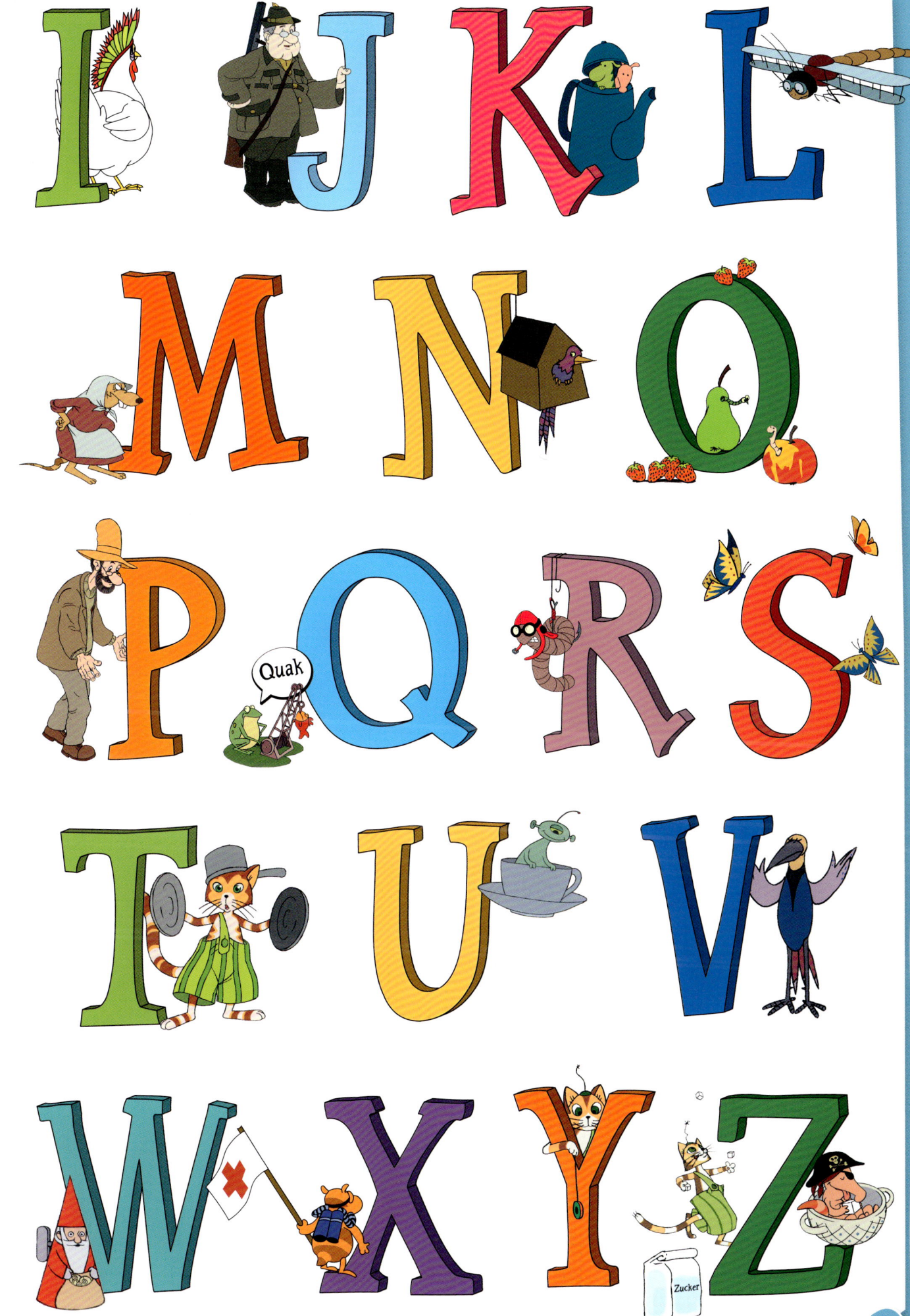

Hopp, hopp, hopp, Findus, lauf Galopp

»Hopp, hopp, hopp, Findus, lauf Galopp.« – »Ene, mene, mu und raus bist du!« Reimen macht Spaß, weil es schön klingt – und weil du damit jede Menge Quatsch machen kannst. Und Reime bleiben viel leichter im Gedächtnis. Deshalb kannst du mit Reimen richtig gut lernen. Fällt dir etwas ein, das sich auf Katze reimt?

Hand, Wand, Sand – diese Wörter **reimen** sich, weil ihr Ende gleich klingt. Es ändert sich nur der Anfangslaut und schon ergibt sich ein ganz anderes Wort. Es ist also nur der Start, der dem Wort eine andere Bedeutung gibt.

Katze – Tatze

Elch – Kelch

Knopf – Zopf

Pferd – Herd

Wurm – Sturm

Spinne – Rinne

Dachs – Lachs

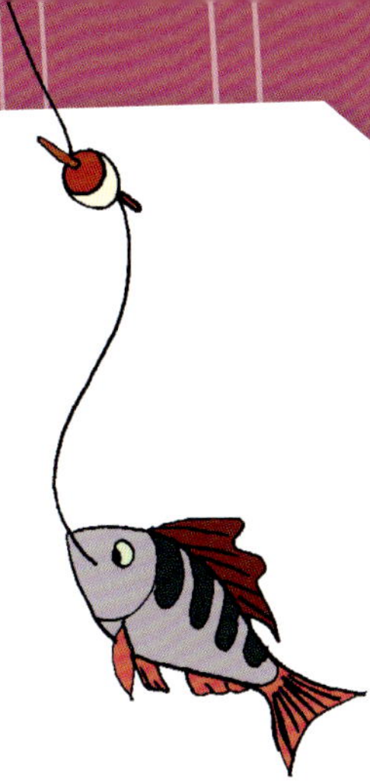

Fisch – Tisch

Buch –Tuch

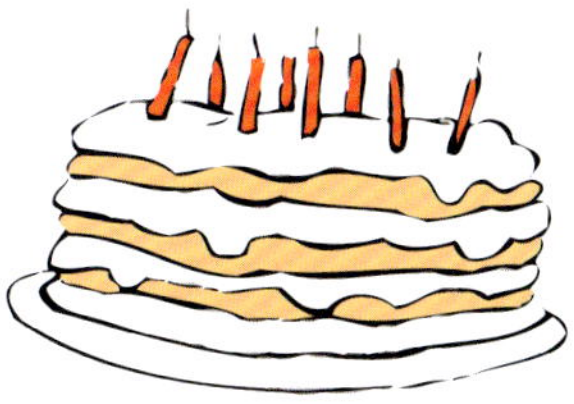

Torte – Orte

Maus – Haus

Hund – Mund

Kanne – Wanne

A, E, I, O, U – so heißen unsere Selbstlaute. Wenn du sie – und nur sie – in dem folgenden Lied bei den Wörtern, die du singst, austauschst, ergibt sich ein wunderbares Quatschlied. Probiere es mal aus!

D   A

Drei   Chi - ne - sen mit dem Kon - tra - bass   sa - ßen auf der Stra - ße und er -

D   D⁷

zähl - ten   sich   was.   Da   kam   die   Po - li - zei: »Ja   was

G   A⁷   D

ist   denn   das?«   »Drei   Chi - ne - sen   mit   dem   Kon - tra - bass!«

Draa Chanasan mat dam Kantrabass
saßan aaf dar Straßa and arzahltan sach was.
Da kam daa Palazaa: »Ja was ast dann das?«
Draa Chanasan mat dam Kantrabass.

Dree Chenesen met dem Kentrebess
seßen eef der Streße end erzehlten sech wes.
De kem dee Pelezee: »Je wes est denn des?«
Dree Chenesen met dem Kentrebess.

Drii Chinisin mit dim Kintribiss
sißin iif dir Strißi ind irzihltin sich wis.
Di kim dii Pilizii: »Ji wis ist dinn dis?«
Drii Chinisin mit dim Kintribiss.

Droo Chonoson mot dom Kontroboss
soßon oof dor Stroßo ond orzohlton soch wos.
Do kom doo Polozoo: »Jo wos ost donn dos?«
Droo Chonoson mot dom Kontroboss.

In Petterssons Küche

LERNZIELE
→ Der Geschmackssinn
→ Gesunde Ernährung

Findus hat drei Mal im Jahr Geburtstag – weil Pettersson ihm dann nämlich seine über alles geliebte Pfannkuchentorte backt. Magst du auch so gerne Pfannkuchen wie der kleine Kater? Am liebsten mit Apfelmus oder Zimt und Zucker? Hmmm, lecker! Und wenn es sie nicht jeden Tag gibt, bleiben sie auch etwas ganz Besonderes.

Schmecken ist einer unserer Sinne. Dabei arbeiten Zunge und Gehirn zusammen. Süß und salzig kennst du schon. Kannst du auch sauer und bitter unterscheiden? Unser fünfter Geschmackssinn heißt umami. Das kommt aus dem Japanischen und beschreibt einen herzhaft-würzigen Geschmack wie bei Fleisch oder Käse.

salzig

süß

sauer

bitter

umami

Obst und vor allem Gemüse versorgen deinen Körper mit Stoffen, ohne die du nicht leben kannst. Auch Vollkornbrot, Nudeln, Kartoffeln oder Reis sind wichtig. Milch und Joghurt gehören ebenfalls zu einer **gesunden Ernährung**. Fleisch und Fisch brauchst du nicht jeden Tag. Und Süßigkeiten sind erlaubt – aber teile sie gut ein, denn zu viel davon schadet dir. Und am wichtigsten ist es, ganz viel zu trinken.

Wasser ist der wichtigste Bestandteil unserer Ernährung. Du brauchst ganz viel Flüssigkeit, denn unser Körper kann sie nicht speichern und benötigt ständig Nachschub. Wasser ist in Obst und Gemüse enthalten, aber vor allem in Getränken. Deshalb solltest du bis zu anderthalb Liter am Tag trinken. Am besten Früchtetees ohne Zucker – oder eben Wasser…

Kennst du jemanden, der kein Fleisch und keinen Fisch isst? **Vegetarier** ernähren sich vor allem von Obst, Gemüse, Hülsenfrüchten und Getreide. Es gibt verschiedene Gründe, warum Leute zu Vegetariern werden. Manche finden es gesünder oder ihnen schmeckt das Fleisch nicht. Vielen gefällt aber auch nicht, dass dafür Tiere sterben müssen. Menschen, die gar keine Produkte von Tieren – also auch keine Eier, Milch oder Käse – essen, heißen **Veganer**.

Sieben Mal vom Morgen bis zum Abend

In dem kleinen Dorf von Pettersson in Schweden ist jeder Tag ein besonderer Tag. Aber: Fällt es dir am Montag auch manchmal schwer, aus deinem kuscheligen Bett aufzustehen? Montag ist nämlich der erste Tag der Woche und bis zum Wochenende folgen Dienstag, Mittwoch, Donnerstag und Freitag. Am Samstag und Sonntag ist dann das Wochenende, an dem manche Leute freihaben und Schule und Kindergarten geschlossen sind.

LERNZIELE
→ Die Wochentage
→ Die Tageszeiten

Montag

Dienstag

Mittwoch

Donnerstag

Freitag

Samstag

Sonntag

Eine **Woche** hat **sieben Tage**, das bedeutet: sieben Mal aufstehen und sieben Mal schlafen gehen.

...und am **Mittag** ist sie ganz oben!

Am **Nachmittag** sinkt die Sonne wieder...

Am **Vormittag** steht sie schon ein bisschen höher am Himmel...

...bevor sie am **Abend** ganz untergeht.

Früh am **Morgen** geht die Sonne auf.

In der **Nacht** siehst du dann den Mond und die Sterne, wenn keine Wolken am Himmel sind.

LERNZIEL
→ Das Wetter

Bekommst du auch so schlechte Laune wie der alte Pettersson, wenn es draußen zu lange stürmt und regnet? Zum Glück folgt auf Regen ja immer wieder Sonnenschein, auch wenn es manchmal ein bisschen dauert. Und zum Leben auf der Erde brauchen wir beides.

Sonne, Niederschlag – also Wasser in Form von Regen, Hagel oder Schnee –, Wind und die Temperatur: Das alles zusammen ergibt unser **Wetter**.

Lustig ist das, wenn es nebelig ist und du alles wie durch eine Wattewolke siehst – denn genau das ist **Nebel** eigentlich: Er besteht aus ganz vielen kleinen Wassertröpfchen, die in der Luft schweben, genau wie eine Wolke.

Wenn die Sonne scheint, verdunstet Wasser auf dem Boden. Es steigt als Wasserdampf in den Himmel und bildet Wolken. Weiter oben in der Luft ist es kalt und windig und der Wasserdampf wird wieder zu Tropfen, bis es schließlich **regnet**.

Wenn du wissen willst, aus welcher Richtung der Wind kommt, mache einen Finger nass und halte ihn in die Luft. Fühlst du, von wo der Wind bläst?

Hast du schon mal das Wort **Klima** gehört? Es steht für das Wetter, das über eine lange Zeit in einer bestimmten Region oder einem Land beobachtet wird. So herrscht zum Beispiel in südlichen Ländern oft ein mildes Klima, hoch im Norden ist es ein kaltes und raues Klima. Seit einigen Jahren verändert sich das Klima schneller als normal und es wird wärmer. Das kommt leider von unseren Fabriken, Flugzeugen, Autos und dem Fällen vieler Bäume im Regenwald.

Petterssons Jahreszeitenuhr

Durch Blumenwiesen streifen im Frühling, im Sommer am See mit Pettersson Fische angeln, Pilze für ein köstliches Omelette sammeln im Herbst und auf einem Ski den Berg heruntersausen im Winter: Findus unternimmt zu jeder Jahreszeit tolle Sachen. Welche Monate magst du am liebsten?

LERNZIELE
→ Die Monate
→ Die Jahreszeiten

Ist es gerade Frühling, Sommer, Herbst oder Winter? Drehe das Buch so, dass die aktuelle **Jahreszeit** oben liegt. Weißt du schon, welche Monate zu welcher Jahreszeit gehören?

Februar

März

Januar

April

Dezember

Mai

Im **Winter** steht die Sonne tief und es ist kalt. Manchmal friert es und schneit.

Im **Frühling** ist die Sonne höher am Himmel als im Winter. Es wird wärmer. Die Blumen blühen.

Im **Herbst** ist die Sonne niedriger. Die Blätter fallen von den Bäumen.

Im **Sommer** steht die Sonne hoch am Himmel und hat viel Kraft. Es wird heiß.

November

Juni

Oktober

Juli

September

August

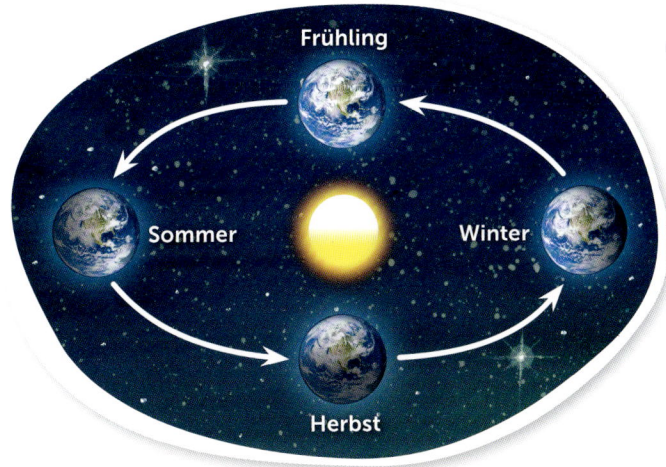

Frühling

Sommer

Winter

Herbst

Unsere Erde dreht sich nicht nur alle 24 Stunden um sich selbst – so entstehen Tag und Nacht –, sondern sie wandert in einem **Jahr** einmal um die Sonne herum. So scheint die Sonne auch unterschiedlich auf die Erde. Im Sommer treffen die Sonnenstrahlen direkt von oben auf die Erde und wir bekommen mehr Sonne ab, während die Strahlen im Winter flacher sind und die Erde so weniger erwärmt wird.

Bildquellen

Illustrationen:

© 2019 Edel Germany GmbH, Happy Life Animation AB, A. Film A/S, All rights reserved. Lizenz durch Edel Germany GmbH, Hamburg. www.edel.com

Fotos:

Shutterstock:
Seite 6 (Schild): © View Apart, Seite 6 (Pfeile): © Brian A Jackson, Seite 6 (Smileys): © Pasuwan, Seite 6 (Schilder): © Kamrad71, Seite 7 (Zeichen): © Cool Vector Maker, Seite 7 (Zeichen Wetter): © hbmedia, Seite 9 (Barometer): © slimlukas, Seite 9 (Lineal): © Just dance, Seite 9 (Waage): © Africa Studio, Seite 15 (Hausnummer 8): © Olena Granko, Seite 15 (Wecker): © SimonVera, Seite 15 (Tafel): © Agneseri, Seite 15 (Messlatte): © New Africa, Seite 22 (Salzbrezel): © Alexandra Lande, Seite 22 (Fleisch): © hlphoto, Seite 22 (Zitronen): © Alexeysun, Seite 22 (Cupcake): © Elena Veselova, Seite 22 (Kaffee): © jazz3311, Seite 26 (Baum): © JDrake, Seite 26 (Wolken): © Nataliia K, Seite 26 (Kind Schnee): © Julia Belova, Seite 26 (Regenschirm): © Olesia Bilkei, Seite 26 (Hagel): © adamada, Seite 27 (Regen): © Linor R, Seite 27 (Elch): © Paul Tessier

Pixabay:
Seite 6 (Ampel): © Hans, Seite 9 (Thermometer): © MIH83, Seite 26 (Schnee): © Free-Photos, Seite 29 (Weltkugel): © Wikilmages, Seite 29 (Sonne): © cheifyc

Antje Warnecke und Oliver Niekrenz:
Seite 9 (Flaschen, Waage), Seite 15 (Würfel)

Impressum

Edel Kids Books
Ein Verlag der Edel Germany GmbH

Copyright © 2019 Edel Germany GmbH,
Neumühlen 17, 22763 Hamburg
www.edel.com
2. Auflage 2020

Mit freundlicher Genehmigung von Sven Nordqvist

Projektkoordination, Text und Lektorat:
Steffi Korda, Büro für Kinder- & Jugendliteratur, Hamburg
Layout und Umschlaggestaltung: Antje Warnecke, nordendesign.de
Druck und Bindung: optimal media GmbH, Röbel / Müritz
Printed in Germany

ISBN 978-3-96129-101-4